**CARANGUEJO
OVERDRIVE**

Pedro Kosovski

CARANGUEJO OVERDRIVE

Coleção Dramaturgia

Cobogó

SUMÁRIO

Depois da cena, o texto, por Pedro Kosovski 7

Para caranguejos e overdrives, por Marco André Nunes 9

CARANGUEJO OVERDRIVE 17

Em crítica ao Homem, o mítico Caranguejo,
por João Cícero Bezerra 51

Depois da cena, o texto

Caranguejo Overdrive, assim como as demais obras escritas com Aquela Cia., em minha parceria com o diretor Marco André Nunes, é um texto que *vem depois*. Mas para onde aponta precisamente esse *vir depois* de um texto teatral? Antes do papel e da palavra existem afetos e experiências vivenciados por todos os criadores desta peça durante nosso processo de criação colaborativa. A escrita se dá em conjunto, mas ela só se encerra depois que a peça estreia. Por isso, vem depois. Uma escrita espremida no corpo a corpo com os atores e incendiada pelo calor da sala de ensaio. Costumo brincar que se trata não de uma dramaturgia, mas de uma *dramatORGIA*.

A sensação é que escrevi *Caranguejo Overdrive* correndo atrás para não perder o bonde que passava. Correndo atrás de todos os demais agentes que compõem a polissemia orgiástica do teatro. Essa escrita, portanto, será condenada a ser para sempre uma escrita que *vem depois*? Depois de um caldeirão cênico transbordante de presenças, sonoridades e espaços. Será essa uma escrita insuficiente? Uma escrita que não dá conta? Como traduzir experiências que resvalam nos limites da linguagem para o bom e velho papel e para as palavras de um livro?

O *vir depois* dessa escrita aponta para uma mudança de suporte. Este texto não é propriamente a peça, mas é possível suspeitar que entre eles haja inúmeras semelhanças. Trata-se de uma nova obra: um livro.

A insuficiência não é propriamente uma carência. O livro não é menor do que a peça. Não falta nada a essa escrita — nem mesmo espaços em branco. É uma escrita que não trai seu próprio movimento de *vir depois*. A publicação do livro, permeado de espaços em branco, é, nesse sentido, o modo de perpetuar esse movimento, no qual a insuficiência traz em si a abertura, o potencial de futuras percepções e infinitas possibilidades de encenação para *Caranguejo Overdrive*.

Pedro Kosovski

Para caranguejos e overdrives

Este livro do meu parceiro de criação Pedro Kosovski traz o texto que faz parte da encenação de *Caranguejo Overdrive*. É importante enfatizar: faz parte.

Aqui, isolado dos outros elementos da cena e reformulado com novos títulos, rubricas e configurações, ele passa a ter uma nova vida; constitui, em sua nova forma-livro, uma obra outra. As palavras, escritas originalmente para serem faladas e ouvidas, aqui no papel poderão ganhar outras dimensões. Estão no silêncio do espaço privado, sem contato com os performers que deram a elas voz, desenho e forma; longe da potência do som, da terra, da lama e dos caranguejos. Procurarei, a seguir, emprestar ao leitor — que pode ou não ter sido nosso espectador — alguns breves apontamentos e impressões sobre a criação do espetáculo.

Uma análise mais acurada ainda é impossível, dado o pouco tempo decorrido desde a estreia. O tempo é sempre um elemento decantador e essencial nesse tipo de olhar.

Mesmo com essa ressalva, torço para que minhas observações enriqueçam a experiência da leitura, evocando pequenos ecos da cena e apresentando cronologicamente as etapas de criação desta obra que marcou a comemoração dos primeiros dez anos da Aquela Cia. de Teatro O caranguejo abre imensas veredas pelas quais conduziremos nossa criação nas próximas décadas.

Pré-cesso e pressupostos

Em agosto de 2014, a convite de César Augusto e Fernando Libonati, ministramos uma oficina de dramaturgia no Teatro Dulcina que teria como complemento a apresentação de um trabalho da Cia. Decidimos, ao invés de apresentar uma peça do nosso repertório, aproveitar a oportunidade para dar início a um novo projeto. Dentre as ideias que tínhamos à época, saltou à vista aquela que juntava o geógrafo e intelectual Josué de Castro, autor do romance *Homens e caranguejos*, com o Manguebeat de Chico Science (sugerida pelo músico Maurício Chiari).

Setenta anos depois de despertar o país para a chaga da fome a partir de sua vivência nos mangues do Recife, Josué de Castro continua atual. Primeiro intelectual brasileiro a desnaturalizar essa praga da sociedade e denunciar que a fome é a "expressão biológica de males sociológicos" e não "produto da superpopulação", seu sonho de fome zero nunca se tornou realidade. Ainda hoje, 800 milhões de pessoas no mundo sofrem de subnutrição crônica.

A obra de Josué, que mergulha no mangue para falar sobre a fome, inspirou o movimento musical e estético mais importante das últimas décadas, herdeiro do carnaval, do modernismo de 1922, do antropofagismo de Oswald de Andrade e do Tropicalismo: o Manguebeat de Chico Science. Com sua imagem icônica de uma antena parabólica enfiada na lama, o Manguebeat eletrifica o mangue, junta maracatu com hip-hop, moda com música de rua, Malcolm McLaren com Jackson do Pandeiro. "Ô Josué, eu nunca vi tamanha desgraça/ Quanto mais miséria tem, mais urubu ameaça/ Com a barriga vazia não consigo dormir/ E com o bucho mais cheio comecei a pensar/ Que eu me organizando posso desorganizar/ Que eu desorganizando posso me organizar."

A redescoberta da obra de Josué de Castro, feita pelo Manguebeat, foi, portanto, o ponto de partida para a criação de *Caranguejo Overdrive*. Esse importantíssimo intelectual brasileiro, um dos inventores do Brasil ao lado de Sérgio Buarque, Darcy Ribeiro e Caio Prado Jr., autor de obras pilares como *Geopolítica da fome* e *Geografia da fome*, teve seu trabalho revalorizado pelo Manguebeat. Isso tinha que ser celebrado como o grande acontecimento cultural que é.

Então convidei Carolina Virgüez, Matheus Macena, Eduardo Speroni, Fellipe Marques e, por último, Alex Nader para construirmos algo como uma leitura encenada, um estudo desse material para um espetáculo que entraria em processo de ensaio posteriormente. E chamamos esse momento de "pré-cesso".

Ensaio

Três meses após as apresentações do "pré-cesso", as imagens, ideias, palavras e os sons desse estudo continuavam ecoando, instigando, exigindo continuidade. Num insight, em que fui arrebatado pela sensação do todo e não mais das partes, tive a claríssima certeza de que havíamos construído, em 15 dias, um esboço de linguagem muito potente e que a partir desse momento teríamos que nos precipitar sobre ele.

Aquilo que fora feito como pesquisa, para ser transformado em futuro espetáculo, corporificava o nosso projeto, o meu objeto de estudo. Entender, aprofundar, complexificar e refinar o que havia brotado tão espontaneamente se tornou uma missão. Incontornável.

Ao iniciar o "pré-cesso", meses antes, havíamos nos debruçado sobre as músicas, os clipes e as entrevistas de Chico Science e sobre o prefácio e os títulos de capítulos da obra *Homens e caranguejos*, de Josué de Castro. Os atores realizaram improvisos e incríveis performances em resposta a alguns dos temas e às provocações: fome, biologia, mecânica do caranguejo, mitologia do mangue, guerra, eletricidade, geografia do Rio, tempestade etc.

As primeiras proposições de texto foram surpreendentes. Pedro havia planejado escrever algumas falas em primeira pessoa, mas chegaram páginas e mais páginas sem nenhum diálogo. A longa fala inicial era tão brilhante que me instou a criar um sistema cênico que o envolvesse, ora cindindo o texto em várias vozes, ora tensionando o discurso com uma quantidade imensa de acontecimentos simultâneos, acentuando sua polifonia.

Fomos em busca do "verso" mágico — aquele cujo sentido fosse a ele mesmo misterioso. A fome foi um conceito norteador para a construção do "cenário" — o qual, pela sua finalidade, julguei mais apropriado chamar de instalação cênica. Nele, não podia haver nada decorativo ou supérfluo. Na arena, só trabalharia com materiais brutos, primários e profundamente necessários: uma caixa de areia no centro, uma gaiola com alguns caranguejos do lado esquerdo, um quadro branco na mesma direção da gaiola, um aquário de vidro com lama do lado direito, bancos, cadeiras, uma bacia e seis luminárias que remetiam a ambientes clínicos, laboratoriais. Os figurinos se desenharam neutros, evocando muita eletricidade.

Overdrive

Essa obra deseja soar como o Manguebeat, eletrificar a lama.

Da lama para o mundo, ampliando seu campo de ação e seus significados. "Rios, pontes e overdrives, impressionantes esculturas de lama."

Overdrive tem outros significados além de distorção do som até o seu limite; também pode significar ultrapassagem de um automóvel por outro, estado de intensa atividade, upgrade de microprocessadores, ou uso excessivo de algo. Qualquer desses significados, associados à palavra caranguejo, formaram uma ideia muito interessante e reveladora das nossas ambições.

Carol, Matheus, Alex, Speroni e Fellipe foram incitados diariamente a dar sua potência máxima. Estavam então em intensa atividade, chegando à beira da distorção. Seus corpos, o volume alto da banda e as vozes amplificadas inscreveram-se num pequeno espaço para sessenta espectadores; a simultaneidade das cenas produziu um efeito de não apreensão da totalidade, despertando um necessário movimento de edição por parte da plateia.

Em meio à vertigem produzida pela proliferação de textos, fábulas, imagens e corpos, a guitarra desfocava palavras, realçava ruídos, mantinha a tensão.

Caranguejos

Neste início de abril de 2016, estamos em nossa quarta temporada no Rio de Janeiro, depois de uma primeira em São Paulo e de ter participado do FIAC — Festival de Artes Cênicas da Bahia e do Festival de Curitiba. Ganhamos prêmios que permitem supor que há, por parte de todos, uma atenção maior ao nosso trabalho e das companhias que investem na pesquisa de linguagem. Nunca uma peça que tem a pesquisa como característica principal foi tão premiada. Algo está em movimento. Ser o "caranguejo" um dos agentes dessa cena em ebulição já justificaria sua existência. Saímos das catacumbas, das tocas escuras e começamos a ver aqui e ali os raios do sol.

Isso tudo nos satisfaz? Sim. Nos sacia? Não! Continuamos famintos, e essa fome, que não é sentida no estômago, mas no espírito, deverá nos incomodar para sempre.

Durante esse quase um ano de *Caranguejo Overdrive*, tivemos que aprender a cuidar dos bichos. Enquanto ainda aprendíamos a lidar com eles, alguns morreram. Trocamos a alimentação, e o trato se tornava mais delicado e habilidoso, mas, ainda assim, continuavam insistindo em morrer. Acontece que usávamos apenas um caranguejo de cada vez, e segundo uma pesquisa feita por Fellipe Marques, caranguejos não podem ficar sozinhos. A solidão torna o caranguejo letárgico e inativo, paralisando-o e levando-o à morte. Caranguejos precisam de outros caranguejos. Para brigarem. Para que se mexam. A vida do caranguejo depende da existência da ameaça, do conflito.

Este livro então nasceu da insistência em viver do risco. Nós somos caranguejos.

Marco André Nunes
Diretor de teatro e fundador
da Aquela Cia. de Teatro.

CARANGUEJO OVERDRIVE

de **Pedro Kosovski**

Caranguejo Overdrive estreou em 30 de junho de 2015, no Mezanino do Espaço Sesc, Rio de Janeiro.

Texto
Pedro Kosovski

Direção
Marco André Nunes

Elenco
Carolina Virgüez, Alex Nader, Eduardo Speroni, Fellipe Marques, Matheus Macena

Músicos em cena
Felipe Storino, Maurício Chiari e Pedro Kosovski

Direção musical
Felipe Storino

Canção original
Maurício Chiari

Instalação cênica
Marco André Nunes

Iluminação
Renato Machado

Ideia original
Maurício Chiari

Realização
Aquela Cia. de Teatro

Escrito para os 450 anos do Rio de Janeiro, em meio à disputa de territórios da cidade para a realização das Olimpíadas de 2016. Nesta peça, o território em disputa é o mangue, cuja extensão vai do Mangal de São Diogo (Rio de Janeiro, Cidade Nova, primeira metade do século XIX) até a obra do geógrafo Josué de Castro e o Manguebeat (Recife, décadas de 1960 e 1990).

11 Quadros para Homens e Caranguejos.

1. APETITE

Um caranguejo que um dia foi um homem chamado COSME fala:

> Não se pode dizer que sou eu que falo, as palavras valem muito pouco diante da força do apetite, porque apetite e palavras são coisas que se resolvem na boca, as palavras existem em função da defesa, então falo em nome de um ataque e é isso o que vale por aqui, falo porque tenho fome de lama misturada com urina, excrementos e toda espécie de resíduos que a maré cheia me traz, e assim passam-se os dias onde tento me engordar com os restos que a cidade descarta, por isso não sou eu que falo essas palavras, é o meu apetite que me força a continuar por mais que eu não queira, por mais que eu sinta que não resistirei a mais um dia de sobrevivência no buraco quente, preto e enlamaçado que chamo de casa, cavo buracos não por distração mas para fugir das mãos ávidas que por apetite avançam contra mim, então cavo um novo buraco e me enterro e finjo de morto, permaneço imóvel, para que os homens assim me julguem e me confundam com um

pedaço de pau ou de pedra, pois os homens também sofrem com a fome e essa minha estranha união com os homens não se dá pelas palavras, mas pelo apetite, e todo esse lixo malcheiroso, a língua negra na qual me banho, exerce uma poderosa atração sobre mim, pois o mangue tudo regenera, do lixo e do negrume tudo estoura como apetite que comanda os gestos, orienta os movimentos e cria um único sentido para toda essa lama, o de uma máquina de transformação, um laboratório alquímico a céu aberto, onde tudo o que é mastigado, digerido e defecado chega como alimento, força de ataque e apetite, tudo aquilo a que os homens precipitada e ingenuamente decretaram um fim definitivo (pobres coitados!) é a matéria por mim disputada, e o excremento faz engordar minha carne branca e suculenta — deixa-me atraente aos olhos humanos — pois os homens desejam o meu corpo para saciar sua fome e por isso me caçam, me devoram e me digerem, mas apesar de sermos unidos pelo apetite, há uma importante diferença entre mim e os homens, pois eu não morro de fome como eles, eu me farto com os restos que um dia foram eu, enquanto eles morrem de fome, pois não há caranguejos para tantos homens, a fome faz saltar seus olhos e deixa suas mãos ágeis para a caça, aproveitam-se que não estou em posição de ataque e arrancam meu corpo da lama, e como se garimpassem ouro jogam-me numa panela de água, e sadicamente aquecem a temperatura até o seu fervimento, e assim, antes que eu perceba, minha casca avermelha-se e, pronto, está no ponto, e depois de morto eles despedaçam meu corpo, desferem marteladas e mais marteladas contra minha carapaça — o apetite justifica a pior das violências! — e então encontram o que tanto anseiam, sugam meu suco, arrancam com os dentes e dedos sujos minha carne branca e macia em um único gesto de apetite que compõe uma das etapas do estranho ciclo orgânico, irônico e mordaz, no qual a própria merda que me faz crescer e engorda minha carne até eu ser caçado me torna uma saborosa refeição que será devorada pelos homens e que após doze horas de digestão se tornará novamente merda despejada em alguma vala que correrá até o mangue e será disputada por caranguejos, como alimento, e assim recomeça o ciclo, que nos ensina que não basta andar para a frente, como acreditam os homens, mas que andar para a frente é necessariamente andar para trás, recomeçar onde o fim não se precipita, e assim me movo, assim reconto meu passado, pois assim como os homens acreditei um dia que só poderia andar para a frente, um dia fui um homem, mas pela força de um apetite cósmico, de uma mutação imprevista na escala evolutiva, de uma torrente tropical sobrenatural, me transformei em caranguejo.

2. ORIGEM

Uma CIENTISTA e um CONTADOR DE HISTÓRIAS falam do caranguejo:

Caranguejo, vulgo uaçá, crustáceo, invertebrado artrópode — *Arthropoda*, do grego *arthros*: articulado, e *podos*: pés. Possui exoesqueleto rígido e vários pares de apêndices articulados — veja bem, eu disse articulados. Da infraordem *Brachyura*, tem o corpo protegido por uma carapaça — olhem só que coisa interessante —, uma carapaça quitinosa em todo o exoesqueleto, que cobre o seu cefalotórax, exceto no subfilo *Chelicerata*, no qual este *tagmatum* se denomina — isso tem gerado muita controvérsia na academia — prossoma, que agrupa a cabeça e o tórax, onde se encontram seus olhos, seu aparelho bucal e... Quem se arrisca? Quem se arrisca? Seus apêndices bucais e suas patas.

Isso aqui não se parece com nada. Mas, antes, aqui era *tukuyan*. Havia um mangue no coração do Rio de Janeiro. As coisas não eram secas como são agora, era tudo alagado. Também não eram estéreis como são agora, aqui havia um *syukuaiê dorá*, um labirinto de raízes com muitas árvores de copa verde. Eu não me lembro, vocês também não se lembram, até parece que nunca existiu, mas existiu. Ainda se pode sentir os mosquitos! Dizem que tudo começou em *Yegurá*, debaixo deste chão, que não era de concreto e asfalto como é agora, era coberto por *tupuyarin*, a lama. Mas não era qualquer lama, não. Era uma lama espessa e muito, muito profunda, *Tupuyarinaguê*. Lá embaixo vivia *kerapicê utã*, a sociedade secreta dos caranguejos. Pouco se sabe sobre eles. Era uma confraria de seres intraterrenos, e apenas os iniciados conheciam suas práticas e ensinamentos.

O caranguejo, vulgo *uratá*, classe malacostraca, tem quatro — olhem só —, quatro pares de pereópodes — atenção que este termo já foi revisado no *Aquaculture International* e, curiosamente, aqui no Brasil ainda chamamos de patas torácicas. Esses quatro pares de pereópodes são apêndices dos seus segmentos torácicos adaptados para a respiração e para a locomoção, e que — peço atenção para o termo que vou usar agora — "penso" que terminam em suas unhas pontudas, que compõem fortes pinças com as quais se defende dos predadores e segura as presas de que se alimenta.

Iêjí, o primeiro homem, foi feito dessa lama. E pensar que tudo começou com *ipen iêjí*, um bonequinho de lama, e que então os homens não pararam de se multiplicar até formarem *tucu maretê dyomá*, a tropa dos cavaleiros da miséria. Eles usavam uma armadura compacta feita de barro para não serem atacados por mosquitos, bebiam o mesmo leite de lama que seus irmãos caranguejos e lutavam contra a fome arrasadora que fazia a saliva das suas bocas borbulhar, como os caranguejos quando se sentem ameaçados.

O caranguejo, vulgo santola, habita regiões litorâneas do mundo todo, incluindo, preferencialmente, as áreas de mangue, se alimenta de peixes e outras espécies de animais mortos, e sua fase de acasalamento — sobre esta questão tenho debruçado a minha pesquisa, mas como ainda não consegui publicar aqui no Brasil, por motivos que fogem ao meu controle... Bom, motivos políticos, é claro! Quem quiser trocar figurinhas comigo no *coffee-break*, por favor, fique à vontade —, essa fase de acasalamento é muito inspiradora... mas deixa isso pra lá! Vamos voltar, senão acabo abrindo pastinhas e mais pastinhas do Windows e me perco do meu programa principal. As larvas têm a capacidade de nadar e possuem enorme potencial de adaptação em qualquer tipo de água, até mesmo nas mais sujas e poluídas.

Maretê dyomá, os cavaleiros da miséria, fabricavam *tuinakurín*, tempestades, para atrair os irmãos caranguejos para fora de suas tocas, caçá-los para matar a fome e realizar a justiça da terra. Os cavaleiros da miséria, com suas armaduras de barro, ensinavam que para fabricar uma tempestade você só precisaria de um bumbo, de um regador e de um suave assobio. Quando os caranguejos saíam da lama atraídos pela falsa tempestade, os cavaleiros seguravam firme um deles pela garra, fincavam uma faca no meio da barriga e ele morria rapidinho.

3. BEM-VINDO AO BRASIL

OFICIAL DO EXÉRCITO interroga COSME:

Nome?

Cosme.

Sobrenome?

Não sei.

Naturalidade?

Nasci no Rio de Janeiro.

Data de nascimento?

11 de novembro de 1849.

Quanto tempo passou fora?

Mais de cinco anos.

Qual era a sua ocupação antes da Guerra do Paraguai?

Trabalhava no mangue, catava caranguejo.

Tem residência fixa?

Ainda não.

Quanto de dinheiro você trouxe?

Um pouco, muito pouco.

Casado? Tem filhos?

Não.

Você tem planos para o futuro?

Sim.

Você pertence a algum clã ou tribo?

Eu catava caranguejo.

Você já atuou ou foi de alguma unidade paramilitar, grupo rebelde, grupo guerrilheiro ou organização insurgente?

Eu servi no Exército Brasileiro.

Você possui alguma doença transmissível de relevância para a saúde pública como determinado pelo Ministério da Saúde? Gonorreia? Cancro mole? Granuloma inguinal? Lepra contagiosa? Linfogranuloma? Sífilis em fase infecciosa? Tuberculose ativa?

Acho que não.

A Guerra do Paraguai lhe causou algum transtorno mental ou físico que signifique ameaça para sua segurança e bem-estar, assim como dos demais?

Acho que não.

Você é ou já foi usuário de drogas ou viciado?

Sim.

Você está voltando para o Brasil para praticar prostituição ou comércio de substâncias banidas por lei, ou seja, esteve envolvido com prostituição nos últimos dez anos?

Não.

Você, alguma vez, já esteve envolvido ou buscou se engajar em lavagem de dinheiro?

Não.

Você já cometeu ou buscou cometer crime de tráfico humano?

Não.

Você conscientemente já ajudou, apoiou, assistiu ou foi conivente com algum indivíduo que tenha cometido ou pretendido cometer crime de tráfico humano?

Silêncio.

Durante a Guerra do Paraguai você participou de atividades de espionagem, sabotagem, violações do controle de exportação ou qualquer outra atividade ilegal?

Não.

Você busca se engajar em atividades terroristas, ou você já esteve engajado em atividades terroristas?

Eu servi no Exército Brasileiro.

Você já teve a intenção ou pretende prestar assistência financeira ou outro tipo de apoio a terroristas ou organizações terroristas?

Eu servi no Exército Brasileiro.

Você é membro ou representante de uma organização terrorista?

Sou um voluntário da pátria.

Você já se envolveu diretamente em transplante de órgãos ou de tecidos humanos?

Nunca.

Você alguma vez já ordenou, incitou, executou, assistiu ou participou de genocídio?

Sim.

Durante a guerra, você cometeu, ordenou, incitou, assistiu ou participou de tortura?

Sim.

Durante a guerra, você cometeu, ordenou, incitou, assistiu ou participou de execuções, assassinatos políticos ou outros atos de violência?

Sim.

Durante a guerra, você esteve envolvido no recrutamento ou na utilização de crianças soldados?

Sim.

Alguma vez você já esteve diretamente envolvido na criação ou na execução de controles populacionais forçando uma mulher a se submeter a um aborto contra a sua livre vontade ou um homem ou uma mulher a se submeterem a esterilização contra a sua vontade?

Sim.

Ativo ou passivo?

O quê?

Ativo ou passivo?

Versátil.

Bem-vindo ao Brasil!

4. A GUERRA

Um caranguejo que um dia foi COSME narra suas lembranças da Guerra do Paraguai:

Olhar para trás seria bem mais fácil se eu não tivesse que me recuperar da explosão branca; a guerra é branca, e, ao contrário dos filmes de ação, a violência é um fenômeno que se manifesta lentamente, dia após dia, constantemente, em mínimas doses, quase insignificantes, que atuam contra nossas vidas com uma eficácia mágica alterando nossos sentidos, rearranjando nosso organismo, liberando vazios, a guerra força a apagar qualquer vestígio de passado, e força ainda mais a limpar futuros vestígios, provas do crime, por isso a guerra é higiênica, como um ácido que usamos para limpar uma engrenagem enferrujada, basta uma pequena gota de guerra, basta respirar uma partícula de ar de seus campos de batalha que nos tornamos mais jovens, a guerra me tornou mais belo para o combate, a guerra produz uma clareza máxima pois é somente em combate que a racionalidade humana atinge sua mais alta performance em uma equação bastante simples, no campo de batalha não há perguntas, apenas respostas, as identificações entre os soldados se dão quase que naturalmente, e assim apagam-se as diferenças, estamos juntos e somos um único corpo que luta, se debate, morre, tortura e renasce contra o inimigo, a guerra purifica as ideias, dissipa dúvidas, rejeita ambiguidades, a guerra é binária, é isso ou aquilo, basta uma dúvida e você está morto, a guerra me deixou mais leve, como se eu pudesse levitar, eu que sempre vivi de desvios e indecisões, aprisionado pela dúvida, na guerra fui libertado e minha alma foi purificada, porque a guerra é branca, ao contrário do mangue em que fui criado, onde o que predomina é a mágica mistura entre os corpos, o negrume, e por isso é tão difícil lembrar de quando fui homem e recuperar-me dessa explosão branca ensurdecedora; esse clarão que arrebata retinas chama-se guerra, mas o apetite me força a avançar, e agora não falar é o mesmo que morrer de fome. Lembro que fui soldado na Guerra do Paraguai, sob o comando do coronel Manuel Pedro Drago, eu era um menino e fui forçado a me alistar como um voluntário da pátria, sim, no mangue eu já ouvia falar dos cavaleiros da miséria e suas armaduras de barro, mas na guerra éramos perseguidos por projéteis e não por muriçocas, eu fui sequestrado pelo Exército Brasileiro, eu e tantos outros, índios, negros escravizados, pobres e crianças, os excluídos da pátria, voluntariamente forçados a lutar por interesses que não eram os nossos, ideais que jamais chegamos a debater ou pensar, éramos homens atacados por todo tipo de mazelas como cólera, disenteria, hepatite, não formávamos um exército, éramos um aglomerado de homens mal-organizados, sujos, indisciplinados e sem nenhum patriotismo, formávamos uma coluna de mais de 27 mil analfabetos e desnutridos que sairia de Uberaba e chegaria até Coxim, mas nas primeiras semanas houve inúmeras tentativas de deserção, e as fugas eram severamente punidas com prisões e castigos corporais, quando não com a própria morte, éramos os escravos da pátria, marchávamos por mais de sete meses e durante o dia a escassa comida e a exaustão aumentavam nossa rivalidade, enquanto à noite, sem dormir, éramos possuídos por um apetite sexual devastador e promovíamos orgias que reuniam mais de trezentos homens, e nenhuma mulher era capaz de aplacar a brutalidade de nosso desejo, quando chegamos em Coxim a manobra estratégica do coronel Drago se comprovou pífia, desprezível, nos deparamos com o imenso fracasso, estávamos desgastados, fracos, trêmulos como zumbis que marcharam mais de 2 mil quilômetros, e nosso inimigo, o exército paraguaio, já havia partido, então sentimos uma mistura de alívio e decepção e a coluna foi dissolvida, e eu acabei destacado para a artilharia terrestre, que daria apoio à esquadra brasileira que travava a Batalha do Riachuelo, no rio Paraná, sob o comando do almirante Francisco Manuel Barroso, e devo confessar que em mais de cinco anos de guerra eu nunca tive contato com algum comandante, a não ser nas longas e enfadonhas palestras de apresentação, foi nesse destacamento que tive contato com estrangeiros que formavam o bloco aliado, argentinos e uruguaios, o curioso é que pouco conseguíamos nos comunicar, o castelhano era embolado e acelerado demais, de modo que passávamos a maior parte do tempo em silêncio olhando uns nos olhos dos outros, nos perguntando sem palavras o que estávamos fazendo ali, mas, ao mesmo tempo, foi através do contato com os estrangeiros que, pela primeira vez, pude ter uma noção de patriotismo, se por um lado éramos mais preguiçosos, éramos também mais espertos, sabíamos como conseguir um prato a mais de ração sem acabarmos presos ou chicoteados, já os hermanos eram constantemente submetidos a castigos e punições severas, havia uma exigência maior de disciplina e hierarquia, era uma prática comum; durante uma noite de inverno de frio rascante dos pampas, os comandantes argentinos obrigaram soldados insubmissos a mergulhar de roupa em rios congelados e lá permanecerem até o amanhecer em posição de sentido, encharcados dos pés à cabeça, onde congelaram e se feriram com o vento cortante, ficaram roxos — coitados! —, pareciam picolés humanos e muitos deles morreram de pneumonia ou hipotermia, enterrei mais de trinta companheiros torturados por seu próprio exército, esse destacamento acabou assolado por uma epidemia de cólera, que devastou mais de 10 mil homens, enfrentamos diarreias intermináveis que faziam de nosso acampamento um local imundo, inóspito, de onde emergia uma insuportável fedentina das fossas a céu aberto, e eu que havia sido criado no mangue, sujo de lama, eu que era um catador de caranguejo sentia repugnância daquela imundice morta da guerra, o mangue havia me ensinado quase tudo sobre o lixo e os dejetos, mas na guerra tudo está morto e nada renasce, estávamos completamente perdidos e desorientados, prontos para amargar uma vergonhosa derrota para o Paraguai, e foi apenas com a entrada do duque de Caxias que demos uma virada estratégica; o duque de Caxias tornou-se um mito, era um facínora, autoritário, ávido por poder, reza a lenda, viúvo de três mulheres que foram assassinadas por suas próprias mãos, foi apenas com Caxias que eu aprendi a matar, até então só havia matado caranguejos, mas sob o novo comando promovíamos sangrentas chacinas nos povoados paraguaios que percorríamos; mulheres grávidas, velhos, crianças, não faltavam vítimas, e acabei desenvolvendo prazer em matar, violentar e esquartejar os corpos em um ritual macabro sem o menor sentido, antes eu matava caranguejos para comer, e até confesso um certo prazer em esmagar suas carapaças, mas ali era diferente, matava por matar, eu era tomado por uma crueldade impensável, os dentes trincados, olhos esbugalhados e vermelhos, punhos cerrados prontos para atacar e ferir o inimigo, decepar braços, rachar crânios, desmanchar tripas, explodir corpos — era um enorme esforço físico matar! —, meu corpo expelia um suor negro de pólvora e na boca corria um gosto amargo de salitre, e foi então que, em meio à carnificina do campo de batalha, eu levitei, era uma explosão branca ensurdecedora coberta por uma brancura santa que me deixou paralisado no meio do combate, não fui vítima de inimigos, era um soldado medíocre demais para morrer, fui vítima de uma explosão interna, uma síncope nervosa que me deixou suspenso, paralisado, meus nervos fritaram meu cérebro e era impossível continuar, eu não podia mais, eu não aguentava mais, fiquei meses em uma enfermaria improvisada, em estado de choque, estático na maca, em um estado semiconsciente, ouvindo gemidos e urros de dor de meus companheiros e recebendo esguichos de sangue na cara de braços e pernas amputados, era o fim, ganhei baixa do exército sem medalhas, sem honrarias, sem testemunhar as vitórias em 11 de julho, Cerro Corá, a tomada do Humaitá e o assassinato de Solano López, e depois de meses na boleia de uma charrete fui desovado no Rio de Janeiro, a minha cidade natal — minha?, já não era mais —, como continuar?, como seguir?, como recomeçar uma vida depois de tantas mortes nas costas?, um passo à frente e você não está no mesmo lugar, um passo à frente e você não está no mesmo lugar, um passo à frente e você não está no mesmo lugar.

5. A CIDADE NÃO PARA

COSME retorna ao mangue do Rio de Janeiro, mas não reconhece nada.

Me desovaram no Rio de Janeiro, mas a cidade em que nasci era outra; resolvi ir atrás do mangue e dos caranguejos, mas a Cidade Nova (como a chamavam agora) era um corpo doente, um formigueiro de operários zanzando de um lado para outro, tudo disperso pelos ares como fumaça.

OFICIAL DO EXÉRCITO interroga COSME:

Quanto tempo passou fora?

Um século!

A Guerra do Paraguai lhe causou algum transtorno mental?

Turvação da consciência, incapacidade de interpretar as normas sociais e criações imaginativas como lembranças de algo real.

Você tem planos para o futuro?

Eu preciso urgentemente foder.

PUTA PARAGUAIA, que mora no mangue, encontra COSME:

Por cinquenta faço *una mariposita* completa ou *un tornillo*.

Eu não tenho muito dinheiro.

La plata no es problema, por dez te faço *un caracol*.

Você não é daqui.

Soy paraguaya.

Eu fui soldado na guerra.

Como todos *los hombres* que *llegan* no mangue.

Aqui é o mangue?

Sí.

Você é paraguaia? Por um instante pensei que ainda estava lá.

Fui raptada por um militar *brasileño*.

Seis anos fora e não reconheço mais nada.

Ele matou *mi* família e eu acabei aqui nessa *porquería*, no mangue.

Eu sou daqui. Mas não sou mais. Catava caranguejo. O mangue não era assim.

Por que *no llega* mais perto?

Onde estão os catadores?

Aqui não faltam *esclavos*.

E as casas? Eu morava aqui.

Não faltam putas e puteiros.

E os caranguejos? E a lama?

Basta *una lluvia* que isso aqui vira de novo um lamaçal.

O mangue foi aterrado.

Usted me deja molhada.

Está tudo seco.

No te excito? *Baje sus pantalones*.

Desculpe, eu acho que me confundi.

Quieres foder ou *no*?

Eu achei que queria foder, mas na verdade estou morto de fome.

OFICIAL interroga COSME:

> Desde quando se originou o projeto para aterrar essa região?
>
> ...
>
> Quem ganhou uma concessão para construir um canal que irá ligar o centro do Rio até a zona portuária?
>
> ...
>
> Qual é o valor do orçamento total das obras de revitalização do mangue?

COSME responde:

> Eu não sei! A guerra não acabou, esta cidade é uma guerra!

PUTA PARAGUAIA fala a COSME:

> Querido, em que *siglo* pensa que está? A *ciudad no* para. Me paga um chope que eu te faço um *city tour*. Você arrumou *una puta paraguaya* de guia turística.
>
> *No tengo la plata.*
>
> Ah, *no*! Cobro *solo* para foder. Vem que é grátis, *yo te* mostro *la ciudad*.

6. CANAL DO MANGUE

PUTA PARAGUAIA, em um improviso, apresenta para COSME a história política do Brasil, de Getúlio Vargas aos acontecimentos mais recentes. Ao mesmo tempo em que ela fala, ESCRAVO das obras do Canal do Mangue conspira contra o poder:

> Pra você se localizar, aqui é a baía e por ali fica o Mangal de São Diogo. Estão construindo um canal desde o alto do São Diogo, passando pelo largo do Rocio, pela rua do Sabão, pela Igreja de São Domingos, e no futuro vai chegar até o Mosteiro de São Bento, nos arredores da baía. A ideia é criar um canal que junte o centro do Rio até a zona portuária. A região do mangue está sendo drenada pra construírem um enorme aterrado. Eu trabalho nas obras e vejo de dentro o que está impulsionando esse projeto autoritário de cidade. As obras de revitalização, que supostamente iriam integrar a região do mangue à cidade, são uma farsa! Há seis anos elas começaram e até agora não finalizaram nem a primeira parte! E pode apostar que daqui a vinte ou trinta anos nada vai estar pronto. E eu pergunto a vocês: pra onde vai todo o dinheiro? Porque o que está sendo drenado não é o lodo do mangue, mas os cofres públicos! Quem está no comando desse monstrengo é o *chief engineer* William Gilbert Ginty — eu vou citar nomes aqui! Sim, eu vou citá-los! —, e as obras são bancadas — prestem bastante atenção — pelo sr. Irineu Evangelista de Sousa, o barão de Mauá, que conseguiu uma discutível — bem discutível! — concessão pública para ser dono de uma parte de nossa cidade. Onde é que já se viu isso? Onde é que já se viu alguém ser dono de uma parte da cidade e controlar tudo: água, luz, transporte?! O que o dr.

Irineu quer é encher o bolso de grana, o dele e o de seus amiguinhos ingleses. A fortuna desse cidadão sozinho é maior do que todo o Império! Mas essa história vai longe, e vem desde que d. João VI ocupou o Palácio Real de São Cristóvão e trabalhava no largo do Paço. No caminho entre a casa e o trabalho, d. João tinha que passar por um mangue infestado de mosquitos e empestado por esse cheiro, que é onde eu moro. O que ele pensou? O que qualquer um pensaria? Vamos limpar toda essa merda, vamos sanear tudo! Mas como na época não havia dinheiro nem interesse para uma obra desse tamanho, eles construíram um aterrozinho pra passagem das carruagens de "Vossa" Majestade. Hoje, vocês sabem, tá entrando muito dinheiro na cidade, tá entrando muito dinheiro da Inglaterra, por causa da Guerra do Paraguai, e os ricos tão de olho no mangue, expulsando todos os pobres pra fora do mapa, porque a cidade precisa crescer, expandir, engordar. Porque quem tem fome de verdade é melhor que se cale, senão vai acabar na vala, porra!

7. FOME DE QUÊ?

Questões para um caranguejo que sente fome.

Você tá com fome?
Quer feijão?
Quer farinha?
Carne?
Carne de soja?
A soja é transgênica?
O milho é transgênico?
Quer um frango Korin?

E Friboi, você quer?
Você é vegetariano?
Macrobiótico?
Biochip?
É pão, pão, queijo, queijo?
É marmelada?
É batata?
Quer açúcar?
Adoçante?
Rapadura é doce mas não é mole, não?
Sua glicose tá alta?
Quer sal?
Sua pressão tá alta?
Intolerância a glúten?
A lactose?
Uma ova!
Quer quinoa?
Farinha de amaranto?
Suco verde?
Suco da luz do sol?
Que abacaxi, né?
Que pepino, né?
Um sushizinho?
O salmão chileno está contaminado?
Quer formigas?
Gafanhotos fritos?
Você come fritura?
O colesterol tá alto?
E seus triglicerídeos, como estão?
Cérebro de macaco, você come?
Baratas, piolhos, pulga?
Não adianta.
Ele está inapetente, coitado.
Você vai sair dessa, viu?
A gente tá com você, tá?
Qualquer coisa é só chamar.

8. ELETRIZAR A CIDADE

Um caranguejo que um dia foi COSME lembra-se da Cidade Nova e fala ao microfone:

Teste. Testando. Som. Vocês estão me ouvindo? Quando falo vem esse choque [*grita*], hoje, nesse mangue aterrado, no coração da Cidade Nova em choque [*grita*], sou eletrocutado vivo, estou de cabelo em pé, pele queimada e pau duro pronto para me meter nos modismos transantes da eletricidade — é irresistível! —, pois toda cidade, vocês sabem, constrói seus monstros para divertir nossa vida besta, vida desnutrida, na qual disfarço minha fome com sucessivas descargas elétricas liberadas diariamente em alta voltagem, hoje me tornei um monstro de lama, um caranguejo com cérebro, como me chamam, uma atração bizarra do *freak* show que é nossa cidade elétrica — choque de monstro! [*grita*] —, e quanto mais me enfio em suas ruas, viadutos e pontes, e penetro nos buracos de suas obras abertas, mais expando a ferida da fome na minha barriga, sim, eu sei, sou um problema sem solução e pronto, me entupo de choque [*grita*], e não sei se é o choque [*grita*] que me impede de falar tudo aquilo que ainda não disse ou se tudo isso que digo é o suficiente para romper com o silêncio de toda uma espécie, caranguejos não falam, mas eu falo, então aumento a voltagem, forço o pensamento ao limite, forço essa fala à sua potência máxima até saturar a voz, transformar meu timbre, deformar minha fisiologia e me tornar isso que vocês escutam, um caranguejo com cérebro, produto de uma intoxicação irreversível por metais pesados da sua poluição, do seu lixo cultural despejado por séculos na lama do meu quintal, pois o pior crime não são os mortos da guerra que carrego nas costas, o pior dos crimes é o assalto da nova cidade, um homem roubado nunca se engana, me roubaram a ingenuidade de ser apenas bicho e me contaminaram de um cinismo irreversível, por isso admito que dancei, e, assim como eu, muitos outros dançaram, eletrizados, perdidos, hoje, na lama do meu passado fincaram antenas parabólicas, hoje, eu, caranguejo, vulgo uaçá, invertebrado da classe malacostraca, que nasci no mangue com uma carapaça, posso dizer que o mundo também é meu, eu, caranguejo, vulgo santola, com cérebro implantado numa fantástica mutação, posso dizer que nesse mangue, onde antes havia um labirinto de raízes e árvores de copas verdes, há hoje um emaranhado de fios e postes de alta tensão que cortam a cidade e transmitem a tempestade dessas palavras até você — o bagulho é frenético! — nesse choque [grita].

9. CAVAR

COSME pede emprego ao SENHOR por um pouco de comida:

Eu sinto fome.

Eu sinto muito.

Eu procuro um bico.

Um trabalho.

Um bico pra matar a fome.

O que você faz?

De tudo um pouco.

Mostre suas mãos.

[*mostra as mãos*] Eu catava caranguejos.

Mostre os seus dentes.

[*mostra os dentes*] Não.

Espera.

Eu quero homens fortes.

Eu lutei na guerra.

Parece doente.

Em pouco tempo serei outro.

Está fraco.

Não como há meses.

Não sei... A conta não fecha.

Trabalho sem descanso.

Não compensa os gastos.

Doze horas ao dia sem pausas.

Alimentação.

Sou humilde.

Moradia.

Sei servir.

Higiene.

Senhor, eu perdi tudo, mas estou aqui. Estou vivo. Matei muitos homens na guerra e não morri. Isso quer dizer alguma coisa. Tenho um corpo e força de trabalho. Eu sei falar! Eu serei seu e não terá que pagar nada por isso.

Quer dar a sua vida?

Por um prato de comida.

Enfrentar o sol a pino?

Por um pouco de arroz.

A doença sem curativo?

Muita farinha.

O cativeiro? O chicote?

Feijão. Eu quero feijão.

Submeter-se a minha justiça sumária?

E, se tiver sorte, os miúdos que sobrarem da sua refeição.

Sim. A partir de agora você é minha propriedade. Não apenas você, mas todos os seus descendentes. Você pertence a uma raça inferior. Você não merece nem mesmo que eu o trate por você. É uma coisa. Meu objeto. Na sua menor falta será castigado.

O que tenho que fazer?

Cavar buracos.

COSME cava junto com outro ESCRAVO.

Você já comeu?

Ração só antes de dormir.

Por que cavamos?

Para que outros tapem. Assim funciona a nova cidade.

Há quanto tempo você cava?

Nasci cavando. Meu pai cavava. Meu avô cavava.

Você não tem vontade de sair?

Não, aqui tenho casa e comida.

Quando encher o bucho, eu mato ele e dou no pé.

SENHOR intervém:

Quietos! Trabalhem!

Cava. Se ele nos pega ficamos sem ração.

Já cavei para catar caranguejos. Já cavei para enterrar mortos. E agora cavo para comer.

10. MORRER

Um caranguejo que um dia foi COSME lembra-se da sua morte:

Então, morrer.

Para início de conversa, preciso dizer que fui capaz de morrer, eu e todos nós somos capazes de morrer, e digo isso porque sou também homem, e não apenas caranguejo, depois de anos de escravidão e um esforço sobre-humano para acumular forças para matar o meu senhor, a desnutrição de toda uma vida levou meu plano ao fracasso, conforme me forçavam a cavar e cavar mais buracos pela cidade, meu estado debilitado avançava, e fui atacado por uma paralisia, uma doença tropical chamada beribéri, que fez meus joelhos se tornarem trêmulos e minhas pernas enrijecidas, e então em condições cada vez mais precárias de vida, eu fui capaz de morrer, morri cavando em meio à obra que jamais foi concluída, e depois da morte meu corpo foi jogado no Canal do Mangue, no que havia restado do meu passado, virei comida de caranguejos, ironicamente, eu, catador de caranguejos, de caçador me tornei caça.

11. TEMPESTADE

Um homem, revestido de lama dos pés à cabeça, está imóvel na posição de cócoras, com os braços estendidos à frente e as mãos em forma de pinça, à semelhança de um caranguejo. Ele está nessa posição há cerca de 20 minutos.

Quanto tempo vocês acham que eu permaneço assim?, acham que é confortável ficar assim?, é apenas a imagem que sou; agachado, parado nesta posição, enterrado na lama dos pés à cabeça, para todos os efeitos, estou em repouso, eu pareço estar em repouso?, é apenas a imagem que sou, sinto que a tropa dos cavaleiros da miséria se aproxima e é chegado o momento em que eu poderei subir à superfície; vocês querem que eu saia daqui?, vocês torcem muito por isso, não é?, *maretê dyomá* vêm invocar *tuinakurín*, ouço o apito dos ventos, ouço o bumbo dos céus ecoarem, a música dos trovões se aproxima, e eu sairei da toca, e junto comigo uma cambada de caranguejos.

A tempestade transforma COSME em um caranguejo.

FIM

Em crítica ao Homem, o mítico Caranguejo

Caranguejo Overdrive é um texto que se constrói como uma narrativa mítica. Antropofageando ensaios sociológicos e descrições biológicas e geológicas, a peça, do ponto de vista literário, se avizinha a obras como *Os sertões*, de Euclides da Cunha, pela vontade de fundar uma mitologia que discursa sobre o processo social formativo de uma nação, sem, evidentemente, a concepção positivista da épica euclidiana.

Neste caso, a criação dessa mitoficção parte das obras do geógrafo Josué de Castro, *Geopolítica da fome* (1951), *Geografia da fome* (1946), de seu romance *Homens e caranguejos* (1967), e do movimento musical Manguebeat, da década de 1990. O fato de existir em *Caranguejo Overdrive* o processo de deglutição de fontes variadas intensifica ainda mais a construção de uma mitologia. Um mito não é uma narrativa pura. E se ele tem a pretensão de ser uma narrativa primeira é porque costura dentro de si o seu princípio. Funda em si mesmo um começo, inaugura um mundo, propõe uma cosmologia.

Outra proximidade com a escrita mítica em *Caranguejo Overdrive* se observa no estatuto de autoria proposto por

Pedro Kosovski ao tensionar o "eu" da criação poética com a máscara de um autor anônimo. Esse anonimato se deve ao fato de a criação se dar por meio do exercício de uma leitura sensível do mundo. Sobre esse aspecto, Roland Barthes diz: "Sabemos que, para devolver à escrita o seu devir, é preciso inverter o seu mito: o nascimento do leitor tem de pagar-se com a morte do Autor." (Barthes, 2004, p.64) O sentido de "pagar-se" aí se deve ao fato de que o leitor fora esquecido por uma ideia de autor originário e autocentrado. É importante que se entenda que o sentido de morte a que Barthes se refere é figurado. O autor que morre é uma ideia de criador onipotente que não se deixa atravessar pelo mundo e pela escuta do mesmo.

A obra de Pedro Kosovski deve ser pensada como uma autoria que se dá como escuta, mais do que como voz, ou como uma voz que nega a si própria incorporando outras vozes e fraseados melódicos — como faz Ella Fitzgerald ao citar Louis Armstrong na canção "I Can't Give You Anything But Love", mudando a tessitura de sua própria voz.

A obra de Josué de Castro e a estética musical do Manguebeat surgem, portanto, em *Caranguejo Overdrive* como um jogo de incorporação (auditiva) em que o autor apresenta sua escuta de obras que discursam sobre a precária condição de homens que se veem em condições abjetas, sem se diferenciarem de caranguejos presos na lama e andando para trás.

Na peça, Kosovski procede na edificação dessa mitologia com a criação de um personagem que é um homem-caranguejo: Cosme. Esse personagem lutou na Guerra do Paraguai — guerra histórica, que na peça torna-se uma espécie de Guerra de Troia —, apresentando uma genealogia do povo brasileiro, assim como a batalha homérica era para o povo grego. Essa construção nos dá a ver um personagem que, não sendo construído por premissas psicológicas, se elabora de modo alegórico a fim de situar uma discussão crítica que, como já apontado pelo pensador pernambucano, apresentava um homem rebaixado em sua condição social e econômica.

> Não se pode dizer que sou eu que falo, as palavras valem muito pouco diante da força do apetite, porque apetite e palavras são coisas que se resolvem na boca, as palavras existem em função da defesa, então falo em nome de um ataque e é isso o que vale por aqui (...) (p.23).

Como se observa, o próprio personagem alegórico, na condição de faminto, inicia o texto desconsiderando a própria enunciação. Ele atribui a seu estômago a responsabilidade sobre sua fala. Nessa afirmação, vemos o personagem consciente de que algo fala por ele, isto é, seu apetite passa por sua boca, assim como as palavras.

Essa condição da fala de Cosme é uma espécie de tragédia que se reflete em todo o texto. Ela se dá por meio de uma percepção erótico-trágico-antropofágica da condição humana. Condição dotada de um fim digestivo em si mesma, de uma consumação eterna sem salvação. O homem engole e é engolido por si e pelos outros, preso numa animalidade que se experimenta na própria linguagem.

> (...) os homens também sofrem com a fome e essa minha estranha união com os homens não se dá pelas palavras, mas pelo apetite, e todo esse lixo malcheiroso, a língua negra na qual

me banho, exerce uma poderosa atração sobre mim, pois o mangue tudo regenera, do lixo e do negrume tudo estoura como apetite que comanda os gestos, orienta os movimentos e cria um único sentido para toda essa lama, o de uma máquina de transformação, um laboratório alquímico a céu aberto, onde tudo o que é mastigado, digerido e defecado chega como alimento, força de ataque e apetite, tudo aquilo a que os homens precipitada e ingenuamente decretaram um fim definitivo (...) (p.24).

O mangue, então, passa a ser uma espécie de paraíso negativo, um éden apocalíptico que forma e deforma os homens. E a criação deste personagem alegórico se constrói por meio da laboração de um homem abjeto, diminuído em sua humanidade e, ao mesmo tempo, revelador de uma humanidade que diminui a de todos.

Kosovski nos mostra essa humanidade decaída não como habitualmente se faz por meio de um determinismo darwinista, se apoiando em uma cena naturalista. Através de uma lírica que reúne uma fala profética e crítica, o autor captura a pulsão orgânica da própria linguagem como centelha corroída de um animal-homem. O homem-linguagem, o antigo *Homo sapiens*, é corrompido por seu apetite erótico-antropofágico. E a linguagem e a língua (da articulação fonética e do apetite) que representam esse homem consomem também a si próprias. Ouvem-se ecos de uma genealogia da moral nietzschiana na alegoria desse homem-caranguejo.

Você tá com fome?
Quer feijão?
Quer farinha?
Carne?

Carne de soja?
A soja é transgênica?
O milho é transgênico?
Quer um frango Korin?
E Friboi, você quer?
Você é vegetariano?
Macrobiótico?
Biochip?
É pão, pão, queijo, queijo?
É marmelada?
É batata?
Quer açúcar?
Adoçante?
Rapadura é doce mas não é mole, não?
Sua glicose tá alta?
(...) (p.41)

No sétimo quadro da peça, o dramaturgo lança uma listagem rápida que mescla alimentos básicos e de uma dieta seletiva com frases proverbiais como "É pão, pão, queijo, queijo?" e "Rapadura é doce mas não é mole não?". De cara, nota-se como a construção poética e estilística dos quadros não são idênticas. Enquanto no primeiro as frases intermináveis são recortadas apenas por vírgulas que indicam um fôlego ininterrupto, neste outro o ritmo se apresenta de modo ágil através de frases interrogativas que propõem um outro processo de enunciação.

Do ponto de vista formal, vê-se a mistura estilística e a erupção de frases anônimas ouvidas por uma multidão de falantes do português brasileiro. Nota-se também a expressão de uma biopolítica reguladora de dietas e da saúde de um homem comum. O homem-caranguejo, como alegoria crítica, atravessa a Guerra do Paraguai e se encontra aprisionado numa micropolítica diária em que os alimentos expressam ideologias de qualidade de vida e de culto à saúde. Logo, o conceito de política na peça não é captado apenas pela imagem da guerra, mas sim por um conceito de biopolítica. Essas falas apresentam as ideologias que tecem um sentido de corpo político que atravessa o próprio corpo dos indivíduos em seu dia a dia.

Fenomenologicamente, Kosovski compõe as camadas desse homem-caranguejo que transita entre a ficção e a discussão crítico-filosófica do presente político. Não havendo mensagem moral, cabe ao autor compor com essa alegoria uma crítica ao progresso e a um certo pensamento teleológico que sustenta formas dramatúrgicas conservadoras plantadas em um pensamento histórico hegemônico. Tais formas geralmente se sustentam na ideia de início, meio e fim, recuperando a ideia teleológica de uma história que segue o seu ciclo previsível de origem, auge e declínio.

No texto, lê-se:

(...) e assim recomeça o ciclo, que nos ensina que não basta andar para a frente, como acreditam os homens, mas que andar para a frente é necessariamente andar para trás, recomeçar onde o fim não se precipita (...) (p.25).

Há, aí, uma crítica à ideia de progresso. O homem-caranguejo é, portanto, aquele que alegoriza propositadamente um movimento contraditório. Sua humanidade se dá a contrapelo da lógica hegemônica do vencedor. A passagem do texto de Pedro Kosovski se aproxima da alegoria do anjo da história de Walter Benjamin:

O anjo da história deve ter esse aspecto. Seu rosto está dirigido para o passado. Onde nós vemos uma cadeia de acontecimentos, ele vê uma catástrofe única que acumula ruína sobre ruína e as dispersa a nossos pés (Benjamin, 2000, p.226).

Como se vê, a referência ao anjo da história benjaminiano é explícita na figura de um homem-caranguejo que, ao andar para trás, capta o equívoco histórico dos que acreditam estar andando com segurança para a frente. Essa é uma alegoria negativa que apresenta uma crítica à ideologia dos vencedores, expressa na figura do perdedor Cosme.

A construção dos outros personagens da peça obedece a um processo de figuração de tipos que mais compõem um quadro discursivo em torno desse homem-caranguejo do que solidificam uma ação dramática. Como exemplo desses personagens, se vê: uma cientista, um contador de histórias, um oficial do Exército e uma puta paraguaia. Em cada um deles observa-se o tratamento da linguagem condizente com o contexto linguístico adequado. Uma retórica professoral, uma fala mais esdrúxula própria à prostituta; em cada tratamento a dramaturgia percorre a situação proposta desse homem-caranguejo. É uma dramaturgia que se elabora por meio de camadas, e em cada uma se ativa uma discussão política dentro da peça. Discussão que entende que há um conflito espacial (geográfico) na própria linguagem e que a política não se resolve apenas na dimensão de uma macropolítica.

A estruturação da peça é paralela à elaboração de uma mitologia. Trata-se de uma espécie de canto profano, dissonante, em torno de um anti-herói alegórico, assim como o foi em *Cara de Cavalo*, outro texto de Pedro Kosovski publicado em 2015 por esta editora. Mas a operação que consolida essa mitologia é crítica e se opõe a um modelo de Homem histórico, a um modelo de sujeito autoconsciente e detentor do saber. E a crítica que aqui se funda é própria do entendimento de que a linguagem nos constitui, e que essa linguagem que nos constitui é faminta e não desligada de pulsões corpóreas. Por isso, a última fala da peça surge como uma promessa de peste: "(...) a música dos trovões se aproxima, e eu sairei da toca, e junto comigo uma cambada de caranguejos (...)" (p.48). O mítico caranguejo passa a ser, portanto, uma figuração crítica para o Homem vencedor da história (de uma história teleológica que obedece à lógica: origem, auge, declínio) e uma ameaça constante de revolução política e de pensamento.

João Cícero Bezerra
Crítico e teórico de arte e teatro, dramaturgo e escritor.

REFERÊNCIAS BIBLIOGRÁFICAS:

BENJAMIN, Walter. *Obras escolhidas I: magia e técnica, arte e política*. Trad. Sérgio Paulo Rouanet. Brasiliense: São Paulo, 2000.
BARTHES, Roland. *O rumor da língua*. Tradução: Mario Laranjeira. Martins Fontes: São Paulo, 2004.

© Editora de Livros Cobogó
© Pedro Kosovski

Editora-chefe
Isabel Diegues

Editora
Mariah Schwartz

Coordenação de Produção
Melina Bial

Revisão Final
Eduardo Carneiro

Projeto Gráfico e Diagramação
Mari Taboada

Capa
Radiográfico

Foto da Capa
Elisa Mendes

Ator na foto da capa
Fellipe Marques

CIP-BRASIL. CATALOGAÇÃO-NA-FONTE
SINDICATO NACIONAL DOS EDITORES DE LIVROS, RJ

K88c
Kosovski, Pedro
Caranguejo overdrive / Pedro Kosovski.- 1. ed.- Rio de Janeiro: Cobogó, 2016.
64 p. : il. (Dramaturgia)

ISBN 978-85-5591-006-7
1. Teatro brasileiro. I. Título. II. Série.

16-3213

CDD: 869.92
CDU: 821.134.3(81)-2

Nesta edição, foi respeitado o Acordo Ortográfico da Língua Portuguesa de 1990, que entrou em vigor no Brasil em 2009.

Todos os direitos em língua portuguesa reservados à
Editora de Livros Cobogó Ltda.
Rua Jardim Botânico, 635/406
Rio de Janeiro – RJ – 22470-050
www.cobogo.com.br

Outros títulos desta coleção:

COLEÇÃO DRAMATURGIA

ALGUÉM ACABA DE MORRER LÁ FORA, de Jô Bilac

NINGUÉM FALOU QUE SERIA FÁCIL, de Felipe Rocha

TRABALHOS DE AMORES QUASE PERDIDOS, de Pedro Brício

NEM UM DIA SE PASSA SEM NOTÍCIAS SUAS, de Daniela Pereira de Carvalho

OS ESTONIANOS, de Julia Spadaccini

PONTO DE FUGA, de Rodrigo Nogueira

POR ELISE, de Grace Passô

MARCHA PARA ZENTURO, de Grace Passô

AMORES SURDOS, de Grace Passô

CONGRESSO INTERNACIONAL DO MEDO, de Grace Passô

IN ON IT | A PRIMEIRA VISTA, de Daniel MacIvor

INCÊNDIOS, de Wajdi Mouawad

CINE MONSTRO, de Daniel MacIvor

CONSELHO DE CLASSE, de Jô Bilac

CARA DE CAVALO, de Pedro Kosovski

GARRAS CURVAS E UM CANTO SEDUTOR, de Daniele Avila Small

OS MAMUTES, de Jô Bilac

INFÂNCIA, TIROS E PLUMAS, de Jô Bilac

NEM MESMO TODO O OCEANO, adaptação de Inez Viana do romance de Alcione Araújo

NÔMADES, de Marcio Abreu e Patrick Pessoa

COLEÇÃO DRAMATURGIA ESPANHOLA

A PAZ PERPÉTUA, de Juan Mayorga
Tradução Aderbal Freire-Filho

APRÈS MOI, LE DÉLUGE (DEPOIS DE MIM, O DILÚVIO),
de Lluïsa Cunillé
Tradução Marcio Meirelles

ATRA BÍLIS, de Laila Ripoll
Tradução Hugo Rodas

CACHORRO MORTO NA LAVANDERIA: OS FORTES, de Angélica Liddell
Tradução Beatriz Sayad

DENTRO DA TERRA, de José Manuel Mora
Tradução Roberto Alvim

MÜNCHAUSEN, de Lucía Vilanova
Tradução Pedro Brício

NN12, de Gracia Morales
Tradução Gilberto Gawronski

O PRINCÍPIO DE ARQUIMEDES, de Josep Maria Miró i Coromina
Tradução Luís Artur Nunes

OS CORPOS PERDIDOS, de José Manuel Mora
Tradução Cibele Forjaz

CLIFF (PRECIPÍCIO), de Alberto Conejero López
Tradução Fernando Yamamoto

2016
___

1ª edição

Este livro foi composto em Univers.
Impresso pela Mark Press sobre
papel Polen Bold LD 70g/m².